Christoph König
Häme als literarisches Verfahren

Göttinger Sudelblätter

Herausgegeben von
Heinz Ludwig Arnold

Christoph König
Häme als literarisches Verfahren

*Günter Grass, Walter Jens
und die Mühen des Erinnerns*

WALLSTEIN VERLAG

scham-los

Im ›Zwiebelkeller‹, einem Kapitel aus der ›Blechtrommel‹,[1] amüsiert sich Günter Grass, in verschachtelter Erzählperspektivik, über seine intellektuellen Zeitgenossen, die darunter leiden, nicht offen an ihrer Vergangenheit leiden zu dürfen. Das Kapitel ist ein reflexives Zentrum des Romans, der hier künstlich Ersatz schafft. Die Gäste versammeln sich im Keller, einem Nachtlokal, um nach einem festen Ritus Zwiebeln zu schneiden, denn sie wollen Tränen vergießen, ersatzweise weinen und ersatzweise mit den anderen Gästen leiden; die Epoche, in der sie leben müssen, verhindert das Bekenntnis und somit das Mitleid.[2] Ein tränenloses Jahrhundert. Oskar, die literarische Instanz des »redseligen«[3] Ich-Erzählers, gehört nicht zur Gesellschaft, er möchte »diskret bleiben«[4] und horcht – wie Hofmannsthals Dichter Alexius, der unerkannt von den Seinen unter der Treppe wohnt – »tränenlos unter der quasi Hühnerleiter«[5], die in den Keller führt. Oskar führt Regie: Bestimmte Geschichten, die sich Einzelne erzählen, läßt er zu, und als das kollektive Weinen in eine Orgie auszuarten droht, greift er mit seiner Trommel ein, in deren ordnendem Schlag man sich wieder beruhigt; er gibt sich als Herr über das Bedürfnis, dessen Befriedigung einen psychologischen, kathartischen, aber keinen analytischen Sinn hat. Das Reden, auch über die NS-Vergangenheit, folge einem Körperinteresse und wird als solches zu Oskars Gespött, der sich selbst zuletzt nicht ausnimmt: »Meine Trommel half mir. Nur weniger, ganz bestimmter Takte bedurfte es, und Oskar fand Tränen, die nicht besser und nicht schlechter als die teuren Tränen des Zwiebelkellers waren.«[6] Der Dichter schließlich, will er weinen, rührt – für sich – die Trommel.

Hysteresis

Grass' Autobiographie, seine Geschichte, die er nirgends so nennt und die im Sommer 2006 erschienen ist, führt die Zwiebel wieder im Titel: ›Beim Häuten der Zwiebel‹[7]. Sie ist nun – wie die Trommel – ein Sprechmedium der Geschichte, denn sie soll dem Autor, der Schale um Schale entfernt, helfen sich zu erinnern, und als Medium hängt sie von dem ab, der Geschehenes in ihre Schalen eingetragen hat, und von dessen Absicht vor allem. Wer immer Grass in der Debatte um das Buch interessierte Rekonstruktion vorwirft, muß wissen, daß er dem Autor nichts Neues erzählt. Der ›unzuverlässige Erzähler‹ gehört seit jeher zu seinem festen Inventar.

Die Debatte konzentrierte sich auf das späte Eingeständnis von Grass, als Siebzehnjähriger der Waffen-SS angehört zu haben.[8] Die Autorität eines Moralisten schien auf dem Spiel zu stehen. Die Formel, auf die man sich verständigte, galt dem Verhältnis von Werten und Worten. Michael Wolffsohn, Historiker und Politikwissenschaftler, meinte, stellvertretend für viele: »Der Kaiser ist nackt. Durch sein beharrliches Schweigen wird Günter Grass' moralisierendes, nicht sein fabulierendes Lebenswerk entwertet. Bleiben werden seine Worte, nicht seine Werte.«[9]

Historisch, auf den Schaffensprozeß von Grass bezogen, will mir das keine angemessene Alternative sein; Grass geht von einer anderen Problematik aus, und sein Verhalten in der Debatte gibt einen Fingerzeig – nie privat, als existierte ein Ort persönlichen Schmerzes, sondern stets herrisch, im alten Soldatenjargon (»Das mußte raus«[10], und nicht ›heraus‹), ja frech (in seinem Angriff auf die Literaturkritik etwa) und zuletzt mit Mitteln der Justiz,[11] auf jeden Fall außerhalb einer Literatur, die ihre ästhetische Eigenart auf Authentizität gründet. Meinungshoheit ist sein Ziel bis heute. »Aber das Belasten, Einstufen und Abstempeln kann ich selber besorgen. Ich war ja als Hitlerjunge ein Jungnazi.«[12] Daß Grass gegen die Verdrängung der NS-Vergangenheit ins Feld gezogen ist und von sich selbst – durch die Einschränkung auf sich als Hitlerjungen und Flakhelfer, in der Einschränkung eine Notlüge – abgelenkt hat, ist nur dann widersprüchlich, solange man die Autorität des moralischen Schriftstellers auf eine vermeintliche Innerlichkeit gründet, in der dieser sich selbst treu bleiben möchte.

Zweifel stellen sich ein, ob Grass Moral und Innerlichkeit überhaupt verbinden möchte. Mein Gedanke zielt auf ein politisches Ich und lautet: Die Entscheidung, die Grass in den Fünfziger Jahren des 20. Jahrhunderts getroffen hat, war politischer Natur und erst in diesem Sinn die eines Schriftstellers. Die Worte ergaben sich – literarisch – aus den Werten. Sein Streiten galt der Wahrheit, daß alle Deutschen Nationalsozialisten waren und dies nach 1945 nicht zugaben, oder allenfalls nur unter Zwiebelkunsttränen, ohne Worte. Angesichts des politischen Charakters des Streits wurde ihm der Ernst des eigenen Lebens sekundär. Selbst die Scham, von der Grass spricht (die ›Scham‹ tritt, einer Beobachtung von Aleida Assmann zufolge, auch im großen deutschen NS-Diskurs an die Stelle von ›Schuld‹) benötigt den anderen; man schämt sich dafür, daß man nichts tun konnte und auch keine Fragen stellte[13], und tut das vor einer *Öffentlichkeit*. Die Scham wächst daher mit der Gunst der Öffentlichkeit, die Enthüllungen anzunehmen: »Was ich mit dem dummen Stolz meiner jungen Jahre hingenommen hatte, wollte ich mir [dem Dichter als öffentlicher Person] nach dem Krieg aus nachwachsender Scham verschweigen.«[14] Von den vielen, die sich mittlerweile schämen, spricht spöttisch sein Gedicht aus dem Band ›Dummer August‹ (2007): »Nun reibt sich Scham an Scham / im Vergleich miteinander.«[15] Heute – in der Autobiographie – tritt zur Politik der Tod, die ihm beide die private Erinnerung leicht machen: »Und während der Zwölfjährige noch peinlich befragt und dabei gewiß von mir überfordert wird, wäge ich in immer schneller schwindender Gegenwart jeden Treppenschritt, atme hörbar, höre mich husten und lebe so heiter es geht auf den Tod hin.«[16] Angesichts seiner Entscheidung treffen ihn auch die Vorwürfe nicht, daß selbst der Zeitpunkt der Veröffentlichung (*nach* dem Nobelpreis für Literatur im Jahr 1999), ja die Veröffentlichung (als Tiefdruckbeilage der ›Frankfurter Allgemeinen Zeitung‹ am 19.8.2006) persönlichen, medialen Interessen geschuldet seien. Denn an der Diagnose änderte sich damit nichts, im Gegenteil. Er selbst schwieg ja auch, wie alle, die er angegriffen hat, er zählt gleichfalls zu allen denen.

Davon sind, möchte man es auch nicht wahrhaben, die Worte, der Stil selbst geprägt. Die Autobiographie gibt das Porträt eines gewöhnlichen Deutschen, das Buch ist gegen seine Landsleute und gegen sich selbst geschrieben. Es zeigt, wieviel man von den Verbrechen allein durch die Faszination wissen konnte, an die sich jeder erinnert. Denn die Faszination enthielt die Verbrechen und ging von ihnen aus: Der junge Grass schreibt blutrünstige Romane, die offenbaren, was die Wochenschau verborgen hielt. Und das Buch zeigt, wie man bis auf den heutigen Tag abwiegelt: Die Verbindung zwischen Romanen und Wochenschau stellt der Erzähler nicht her. Grass dokumentiert eine objektive Falschheit, sich selbst eingeschlossen, ob absichtlich oder nicht. Diese Form der Enthüllung verträgt – nach seinen Maßstäben – das Authentische nicht, und so setzt er dazu an, den Jungen, der er war, zu verleugnen. Insofern geschieht nichts Neues: Grass enthüllt wie seit jeher (und wie es heute alle machen) und er leugnet weiterhin, performativ, indem er von dem Jungen nichts wissen will oder ihn verachtet. Das ist dem Werk aufgetragen und prägt seine Form. Sein Autor verträgt keine Schwächung der eigenen politischen ›persona‹.

Die Autobiographie setzt eine *Hysteresis*, eine Art Aufschub, im Sinn der verzögerten Erkenntnis, voraus. Seine Motive gibt Grass gleich zu Beginn zu verstehen, in den Formulierungen nistet geradezu die öffentliche Erwartung: »Weil vorlaut auffallend etwas fehlen könnte. Weil wer wann in den Brunnen gefallen ist: [...] mein Sprachverkehr mit verlorenen Gegenständen. Und auch dieser Grund sei genannt: weil ich das letzte Wort haben will.«[17] Das bedeutet: Der Wille politisch und also öffentlich rechtzuhaben will im Werk die sprachlichen Möglichkeiten, sich zu erinnern, in seinen Dienst nehmen; man wird von hier aus anders auf die Erzählstrategien in den Romanen Grass' und die von ihnen insinuierte kognitive Unsicherheit sehen. Damit aber gewinnt die Debatte eigentlich erst eine ästhetische und insofern intellektuelle Brisanz, die bisher fast völlig verdeckt blieb, weil sich vor allem Historiker und Politologen, kaum aber Philologen zu Wort gemeldet haben. Allerdings sind die ›Philologen‹ von heute nicht unbedingt aus dem hierfür nötigen Holz geschnitzt: aus der ästhetischen Norm, Literatur sei grundsätzlich frei gegenüber ihren Realien, leiten sie eine Wissenschaft her, die die eigenen politischen Prämissen wie von Zauberhand ablegt. Eine Subjektivität im Sinn der entschiedenen Stellungnahme, die den Übergang von Realien zum Werk und dessen darauf gerichteten Absichten prüfen könnte und nicht von vornherein das Werk bei dessen autoreflexiven Wort nimmt,[18] ist nicht vorgesehen. Indem die Autobiographie eine Geschichte erzählt, wird sie zum Objekt einer Disziplin, die sich politisch nicht zu äußern vermag und das auch nicht anstrebt. Grass' Erinnerung in seinem Buch ›Beim Häuten der Zwiebel‹ zielt indes auf Gegenstände, die ihm als verloren galten, oder um es aktiv und ins Bewußte gewendet zu sagen: ihm nicht beachtenswert schienen, im Gegensatz jedoch zu einer Öffentlichkeit, die nach den »verlorenen Gegenständen« zu fragen begonnen hatte. Der Sinn der Hysteresis mußte also für Grass in einem Widerruf des Privaten, in einem das Geständnis – mit literarischen Mitteln – widerrufenden Geständnis liegen.

»Wären Sie denn völlig überrascht,« wollte Wulf Segebrecht im Dezember 2003 in der ›Frankfurter Allgemeinen Zeitung‹ wissen, »wenn man Ihnen heute eine Karteikarte vorlegen würde, aus der Ihre Parteizugehörigkeit hervorginge?«[19] Grass weicht aus und antwortet auf eine andere Frage, doch im Grunde gesteht er, indem er scheinbar revoziert: »Ich glaube, man konnte erst mit achtzehn überhaupt in die NSDAP eintreten …«. Die Antwort ist falsch (damals war das Eintrittsalter schon abgesenkt worden), und Grass scheint es auch zu wissen, nicht nur wegen des ›ich glaube‹, sondern weil sich im nächsten Absatz seine Aggression gegen alle die ›Antifaschisten‹ nach 1945 wendet, die es eigentlich nicht waren. Man mußte, so Grass hämisch, sich wundern, »wie sich Hitler an der Macht halten konnte.« Schon hier also der Tenor: Alle waren gleich, er selbst miteingeschlossen. Anlaß für dieses Interview war die Aufregung um das von mir im Dezember 2003 herausgegebene ›Internationale Germanistenlexikon 1800-1950‹.[20]

In den Mittelpunkt eines öffentlichen, medialen Streits rückten erstmals Germanisten und Literaturkritiker, die wie Grass nach dem Dritten Reich liberale oder marxistische Positionen vertraten und die Verdrängung der NS-Vergangenheit geißelten, ohne indes von sich selbst zu sprechen, also von ihrer Nähe zum Nationalsozialismus, als sie jung waren; meist waren sie selbst öffentliche Personen, und die Zäsur des Lexikons, das nur Germanisten aufnahm, die vor 1950 ihre erste Schrift veröffentlicht hatten, bewahrte zugleich andere dieser Generation – mehr oder weniger zufällig – vor ähnlicher Aufmerksamkeit. Auf das ›Öffentliche‹ kam es schließlich an, denn so fanden sich die, die in kritischem Sinn schrieben oder lehrten, an ihr Publikum gebunden. Ihre spezifische historische Lage entstand: Eine klare

Aussage über die jeweilige Erfahrung vor 1945 war objektiv kaum möglich und wurde auch selten versucht, da die Leser und Hörer nichts darüber lesen wollten. Man wußte ja Bescheid. Für eine lange Zeit standen keine rhetorischen Formen zur Verfügung oder waren geduldet, mit deren Hilfe man sich, ohne seine Stellung zu riskieren bzw. – später – überheblich zu wirken, jenes Vergangenen, etwa einer frühen Mitgliedschaft in der Partei öffentlich erinnern konnte. Formen eines schweigsamen Ausdrucks entstanden, die zugleich sich und die anderen schonten (gerade in einer »seelenlosen« Weise, über die Juden zu sprechen, zeigt sich das oft[21]). Doch warum ist es heute möglich, über die NS-Erfahrungen zu sprechen – ja bei immer mehr Professoren und Künstlern geradezu gebräuchlich? Die Debatte um das Lexikon mag dazu beigetragen haben: Dann hätte sich letztlich dessen (wissenschaftstheoretische) Absicht durchgesetzt, nicht die ideologiekritische oder systemtheoretische Funktion einer Person zu denunzieren, sondern die Möglichkeit zu schaffen, den Sinn einer Subjekt-Entscheidung historisch zu rekonstruieren. Eher liegt es freilich an einem neuen politischen und intellektuellen Horizont, innerhalb dessen alles möglich ist und nichts zu Konsequenzen führt.

Fast zwei Jahre vor der Veröffentlichung des Lexikons hatten die Betroffenen Gelegenheit erhalten, ihren Eintrag zur NSDAP-Mitgliedschaft zu kommentieren, zu ergänzen, genauer zu formulieren, so daß zuletzt alles mit aller Einverständnis erschien. Danach verfolgten sie öffentlich zwei Strategien, die, wenn man so will, zwei verschiedene Fachdisziplinen beschäftigen. Zum einen ging es um die – in der Geschichtswissenschaft zu klärende – Frage, ob man ohne Wissen in die Partei aufgenommen werden konnte (was ein Gutachten des Instituts für Zeitgeschichte in München, erstellt von Michael Buddrus, verneinte).[22] Viele hielten an ihrer Lebenshaltung fest und bestritten, jemals in der NSDAP gewesen zu sein. Und zum anderen entgegnete man, daß dieses Lebensdatum für das spätere Lebenswerk keinerlei Aussagekraft besitze. Dieses zweite Argument ist für den Literaturwissenschaftler interessanter, denn es verlangt eine Antwort auf die Frage, wie es um das Verhältnis von Datum, Werk und Lebenskonstrukt bestellt ist.

Mit anderen Worten: Wie ist mit einem Lexikon umzugehen, das nach Biogrammen organisiert ist? Indem die Kategorien, in die die Informationen gefüllt sind, Generalia vertreten, nach denen sich der Einzelne bewegt (von den Parteien über die Universitäten bis zu den Medien), abstrahiert das Buch. Und die Register und die Suchwege in der CD-ROM-Fassung stärken diesen Zug. Letztlich verkehrt sich die erste Sorge, das Allgemeine könnte in einem biographischen Lexikon verloren gehen, geradezu in ihr Gegenteil. In der Lektüre drängt sich nämlich bald die Frage auf, wie angesichts all der Einrichtungen, die ein gelehrtes (mehr als ein literarisches) Leben prägen, und wie angesichts der Ansprüche und Normen, mit denen die Institutionen an den Einzelnen herantreten, das Individuelle sich behauptet und eine eigene ›Biographie‹ schafft. Und: Ist der Charakter für den Philologen nötig? Die Zugehörigkeit zur Institution allein sagt oft noch wenig aus, erst wie mit ihren Ansprüchen umgegangen wird, gibt den Ausschlag. Der Sinn eines Datums (nicht nur im Lexikon) erschließt sich damit erst der Interpretation. Das will dieser Essay zeigen: Das politische Datum entfaltet für das Werk bzw. Œuvre eine spezifische Funktion; dabei erweist sich die Konstruktion eines Ichs als grundlegend, das vor und nach 1945 mit sich identisch sein will. Die Form dieses ›Ich‹ im Werk ist, wie sich zeigen wird, an die Institutionen Öffentlichkeit, Literatur und Universität gebunden, die einander oft genug ausschließen.

Lese-Ich-Kontinuität

Grass erhob seine Stimme zugunsten von Walter Jens, Walter Höllerer, abgeschwächt auch für Hans Schwerte, und er vertrat das zweite Argument, nicht sogleich, doch das polemische Feuer findet allmählich seinen Gegenstand: »Wenn Herr König in der Tat Germanist ist, wie kommt er dazu zu sagen, Walter Höllerer und Walter Jens seien Germanisten gewesen während der Nazi-Zeit. Sie sind nicht einmal zum Studium gekommen! [Das ist noch nicht, was Grass sagen möchte; natürlich ist nicht nur Germanist, wer es schon in der NS-Zeit war. Vielmehr liegt Grass daran zu sagen: Ist man Germanist, dann zählt nur, was er als Germanist leistete. Und das gelte auch für die Literatur. In diesem Sinn heißt es weiter:] Walter Höllerer war im Jahr 1942 neunzehn Jahre alt. Er ist nach dem Krieg genau wie Walter Jens im Bereich der Literatur zu einer hervorragenden Person geworden – durch Leistung. [...] Wenn man über sie urteilt, dann muß man tolerieren und anerkennen, daß alle, die diesen Jahrgängen angehört haben, sofern sie's überlebt haben, die Chance hatten, etwas daraus zu machen. [...] Ich finde es einfach jämmerlich, wie man sich an ein paar dürre Fakten hält [...]«.[23] Im Zentrum steht also die Frage, wie ein Lebenswerk konstruiert wird, was zum Leben gehört und folglich Geltung hat. Jenseits des Lebens, fast extraterritorial – in dürren Fakten – liege die wie auch immer geartete Verstrickung. Nun bedenkt Grass zurecht die Räume, in denen die – wie er sagt – »Leistung« erbracht wurde. Grass sagt ›Germanistik‹, nimmt Einzelne aus der Disziplin und ordnet sie der ›Literatur‹ zu, und Grass selbst schafft als dritten Raum die Öffentlichkeit. Die Konstruktionen, die nötig sind, eine Identität über den Bruch von 1945 hinweg zu schaffen, hängen von diesen Räumen ab. Am Ende steht die Hauptfrage: Inwiefern prägt die Vorstellung vom eigenen Leben die einzelnen Werke? In der Antwort auf diese

Frage erhalten jene ›dürren Fakten‹ einen persönlichen Sinn.[24]

Allen Betroffenen gemeinsam war und ist das Ideal einer in der Kontinuität der Zeit bewahrten persönlichen Identität, eines Ichs, auf das hin die Erinnerungen orientiert sind. Das Ideal zwingt den Autor – ob Gelehrter oder Dichter – zu Argumentationsfiguren, die den Bruch von 1945 entwerten, ohne zugleich einer (auch inneren) Öffentlichkeit zu widersprechen, für die diese liberalen Intellektuellen selbst sorgen, und die sie ernst nehmen, denn in ihr messen sie auch den Erfolg. (Man bedenke etwa, welche Rolle der ›Erfolg‹ im ›Zeit‹-Gespräch zwischen Grass und Martin Walser spielt.[25]) Hans Peter Herrmann brachte das am 21.2.2004 in der ›Frankfurter Rundschau‹ auf die knappe Formel: »Offenbar waren ihnen die Verlässlichkeit ihrer Erinnerungen und ihr Selbstbild als moralische Person wichtiger als die Einsicht ihres politischen Bewußtseins in eine historische Wahrheit, die sie auf sich selbst nicht anwenden wollten.«[26]

Das Neue nach 1945 setzte eine (mehr oder weniger) stilvolle Selbstentwertung voraus und veränderte das Gefüge von Ich, Du und Er. Es ging und geht um *Personalpronomina*. Das alte, verführte Ich wird dem Betrachter seiner selbst fremd; Karl Otto Conradys Erinnerung (1993 auf einer Tagung im Deutschen Literaturarchiv vorgetragen) ist charakteristisch, indes analytisch: »Fast ein halbes Jahrhundert liegt nun zurück, was ich in der Zeit um 1945 erlebte, so weit, daß ich von dem Soldaten, der im Februar jenes Jahres 19 Jahre alt geworden war, gern in der distanzierenden, die kritische Beobachtung unterstützenden Er-Form spreche.«[27] Ein dialogisches Verhältnis, das zwischen einem Ich und einem Du entsteht, einem Du, welches das Ich somit nicht aus der Verantwortung entläßt, findet sich kaum, es wäre, das wird sich im weiteren noch zeigen, der seltene Gegenentwurf.

Vielmehr erhält nun das *Lesen* eine bestimmte Funktion. Das Ich, das lesende Ich, das Ich, das vor 1945 gelesen hat und danach, entgeht dem Er. Auf ihm ruht die Hoffnung der Erinnerung. Alle sprechen davon. »Ein Lesehunger war ausgebrochen, der alle frühere Leselust weit in den Schatten stellte«[28] (Eberhard Lämmert); »Unablässig und intensiv jedoch in diesen frühen Jahren einer persönlichen Neuorientierung nach 1945 die Beschäftigung mit Literatur und Musik; Schreibversuche und eigenes Musizieren; heimische Leseabende mit verteilten Rollen; Rückzug ins Private, in den immer auch gefühlig durchwärmten Raum der Innerlichkeit.«[29] (Conrady); »eine schon in der Schulzeit beinahe lasterhaft ausgeprägte Neigung zum Lesen. Nichts war annehmlicher und erholsamer, als sich nach dem Dienst im ›Jungvolk‹ aufs Kanapee zu legen und sich ins Reich der schönen Literatur zu begeben.«[30] (Manfred Naumann) Und auch Günter Grass redet im Topos: »Ich sehe ihn lesen. Das, nur das tut er mit Ausdauer. Dabei stöpselt er beide Ohren mit den Zeigefingern zu, um in enger Wohnung gegen den fröhlichen Lärm der Schwester abgeschirmt zu sein. [...] Bücher waren ihm von früh an die fehlende Latte im Zaun, seine Schlupflöcher in andere Welten. Doch sehe ich ihn auch Grimassen schneiden, wenn er nichts tut, nur zwischen den Möbeln des Wohnzimmers rumsteht und dabei so abwesend zu sein scheint, daß die Mutter ihn anrufen muß: ›Wo biste nu schon wieder? Was denkste dir jetzt wieder aus?‹«[31] Der produktiv lesende Jugendliche wird in der Erinnerung, ebenso spontan wie ephemer, wieder zum Ich, nicht ohne Spott weiterhin: »Also begann der grimassierende Junge oder mein behauptetes, doch immer wieder im fiktionalen Gestrüpp verschwindendes Ich [hier ist es; ...] auf Anhieb und ungehemmt flüssig einen Roman zu schreiben, der – das ist sicher – unter dem Titel ›Die Kaschuben‹ stand. Die waren mir immerhin verwandt.«[32]

Merkwürdigerweise spricht kaum einer davon, *wie* man las, als man las, oder man trennt den Modus von der Tatsache und reflektiert nicht den politischen Gehalt des Gelesenen. Gerade darin zeigt sich die Funktion der Lektüreerinnerung. Das Ich sollte rein geblieben sein. (Grass möchte einen Gerechtigkeitssinn im Gruseligen erkannt haben.) Was auf dem Spiel stand, zeigte sich in der Debatte um Walter Jens: Erst der Skandal führte zum biographischen Schmerzpunkt, der in der Art und Weise der Lektüre bestand. In einem Interview mit Willi Winkler in der ›Süddeutschen Zeitung‹ am 8.12.2003 nannte er eine bis dato unbekannte Rede mit dem Titel ›Die Epik der Gegenwart‹ (1941 oder 1942), in der er den von ihm wenig später schon (1943) verehrten Thomas Mann als Vertreter der ›Verfallsliteratur‹ charakterisiert: »voll ungeheurer stilistischer Begabung, artistischer Sprache; aber nur der Intellekt in eisiger Kälte.«[33] Hier machen sich nun die Unterschiede im Metier bemerkbar.

Eberhard Lämmert, Jahrgang 1924, der 1966 zu den Sprechern der Germanisten auf dem Münchner Germanistentag gehörte, die offen von der NS-Verstrickung ihrer akademischen Lehrer sprachen, hat sich in seiner *Vergangenheitspolitik* vom Theorem einer »strukturell bedingten Schizophrenie von Personen in Diktaturen«[34] leiten lassen, und dabei die Schizophrenie auf seine Institution, die Universität bezogen. Das im Lesen bewahrte Ich habe in der Universität den reinen Ort gefunden (eine Art innerer universitärer Emigration), der sich der nationalsozialistischen Politik entgegenstellen konnte. Nach 1945 berief man sich auf jenes zuvor verschüttete, aber in die Wissenschaft gerettete Ich. Nun erhielt die solcherart konzipierte Personengeschichte methodische Valenz. Zum Lesen selbst, zum alten Ich, in den Schoß der Wissenschaft wollte man nach 1945 zurückkehren. Dort sagte indes niemand Ich, und die Art des früheren privaten Lesens blieb unreflektiert. Die emphatische

Lektüre, von der die damals junge Generation noch heute spricht, korrespondiert mit dem Schweigen ihrer akademischen Lehrer über deren eigene Vergangenheit – einem Schweigen, das in der damals weithin vertretenen, wenn auch nicht neuen Methode einer ›werkimmanenten Interpretation‹ ihre Entsprechung fand. »Die werkimmanente Interpretation gehört zu einer allgemeinen geistigen Haltung der Nachkriegszeit; der vom Totalitarismusschema geprägten Ideologie der Ideologielosigkeit.«[35] Von der politischen Verstrickung der Universität vor 1945 sprach vorerst niemand. Das kam erst später Anfang der 1960er Jahre, und die Aussicht, Reformen, die durch die Massenausbildung nötig wurden, wissenschaftspolitisch gegen die starren Lehrer samt ihrer NS-Geschichte (wie Benno von Wiese) durchzusetzen, wurde zu einem »Beweggrund für die politischen Konflikte« (so Lämmert vor einigen Jahren in einem Interview[36]). Die Universität sollte weiterhin den persönlichen Rahmen bieten, weshalb der Streit um sie vor den Streit um die Person tritt. Vorerst, nach dem Zeitenwechsel, bürgte die Lektüre für die Konstruktion einer Lese-Ich-Kontinuität. Man wußte sich von der Universität geschützt, solange niemand auf den Mißbrauch des schützenden Raums hinwies.

Doch wie hält es die Literatur mit der Konstruktion des Lebenswerks? Zwei Wege möchte ich nun skizzieren und vergleichen. Meinten die Germanisten ›Im Schutz der Institution konnten wir uns bewahren‹, konnte Grass sagen: ›Der Bub von vor 1945, das bin nicht ich.‹ – kraft einer Selbstermächtigung im öffentlich-politischen Raum in den 1950er Jahren (Harro Zimmermanns Biographie trägt entsprechend den Titel ›Günter Grass unter den Deutschen‹ und setzt erst 1955 ein[37]). Walter Jens vertraute hingegen einem *inneren*, ethisch geschützten Raum: ›Wir leben in Masken, vorher und nachher, doch auf das im Maskenspiel verborgene und sich zeigende Ich kommt es an.‹ Wie auch immer, die *rupture* prägt als sinistrer Stachel die Schriften beider Autoren; wer Ohren hatte zu hören, konnte unmittelbar nach der NS-Zeit den Bruch in den Werken erkennen. Ja, diese Werke waren wohl für genau solche Ohren geschrieben. Von der Häme Grass' und vom Maskenspiel Jens' ist nun zu sprechen.

Häme als literarisches Verfahren

»Wenn sie mich weiter so behandeln, schreibe ich auch wie Grass,« sagte Paul Celan, bitter über die Presse in der Goll-Affäre scherzend, zu seinem Freund, dem Gräzisten Jean Bollack in Paris.[38] Den Literaturkritikern in Deutschland, die er auf seiner Seite sehen wollte, würde er mit von Häme durchtränkter Groteske antworten. Tatsächlich begegnet Grass seiner Öffentlichkeit mit Häme, und sie ist auch das Stilmittel seiner Autobiographie. ›Häme‹ sagt Grass meistens, wenn er von der Presse spricht, es handelt sich um eines seiner Hauptworte, und indem er das Wort so oft gebraucht, akzeptiert er die Häme als Gesetz ›seiner‹ Öffentlichkeit. Kritik wird als überhebliche Häme aufgefaßt, denn in dieser Sicht gründet die Häme auf dem Verdacht, jedes Handeln sei interessegeleitet. Das beansprucht er für sich selbst: Seine Bosheit ist versteckt (neuerdings in der ›Zeit‹ gegen Uwe Johnson und Paul Celan[39]), denn der offene Angriff im Argument würde eingehen auf den (ethischen oder lyrischen) Ernst des Gegners und dessen Anliegen akzeptieren, doch der Ernst ist, angesichts der Rolle, die das Interesse für Grass besitzt, nicht zu halten. Wo alles Interesse ist, gibt es nur eine einzige Form der Überhebung – die Häme. Sie verschafft allein dem, dem man nichts vormachen könne, die moralische Überlegenheit. Damit ist ihr Quell persönlich und liegt in der bitteren Einsicht, man sei selbst nicht anders. Diese Einsicht erst, die trotz der politischen Entscheidung bleibt und ihr jenen unheimlichen Abgrund gibt, läßt Kritik zur Häme werden, in der der persönliche Stachel weiterwirkt. Die darin begründete Moral ist der auf Entscheidungen und Sinn, auf ›constancy‹ und Treue gebauten Dichtung Celans entgegengesetzt.[40] Die Häme wird stets recht haben, je nach Situation. Sie ist ein situatives Instrument, ihre Beständigkeit erzielt sie auf Kosten eines positiven Ich, oder (um einen früheren Gedanken aufzugreifen) auf Kosten der Authentizität. Grass' Ich war – so verstanden – stets funktional, nie moralisch: Es amüsiert sich über den verbreiteten Wunsch im Reden zu schweigen (im Gedicht ›Kinderlied‹ von 1960 liest man: »Wer hier spricht, hat verschwiegen, / wo seine Gründe liegen«[41]), Zwiebeltränen zu vergießen – mehr an Subjektivität will sich Grass in der Öffentlichkeit, hinter der Rollenmaske, nicht einräumen. Gezwungen nun, über sein Alter-Ego, den Er zu sprechen und ihn von sich fortzurücken, denn die Sache schwächt ihn, in solcher Zwangslage also, gewinnt er ihn zurück, indem er die Häme, die jenem gilt, auch über den Ich-Erzähler ausgießt. Hier liegt die eigentliche Kontinuität, die der Autobiographie aufgegeben ist, eine Komplizenschaft letztlich.

Der Erzähler macht sich nichts vor. Damit beginnt er. Es gibt keinen Ausweg. Die Aufhebung einer scheinbar positiven Absicht erfolgt auf Umwegen immer wieder. Den Leser schwindelt es. »Die Erinnerung liebt das Versteckspiel der Kinder. Sie verkriecht sich. Zum Schönreden neigt sie und schmückt gerne, oft ohne Not. Sie widerspricht dem Gedächtnis, das sich pedantisch gibt und zänkisch rechthaben will.«[42] Schon ist der Gegensatz von Erinnerung und Gedächtnis aufgegeben, denn das Gedächtnis ist nur Allüre (es ›gibt sich‹, es ›will‹ nur). Mit den Geschichten bilden Erinnerung und Gedächtnis schließlich eine Allianz, in der es keine Wahrheit gibt. Dem Erzähler, heißt es zwei Seiten weiter, »fallen – und sei es als unterhaltsame Ausrede –

Geschichten ein, in denen es tatsächlicher als im Leben zugeht.«[43] Gerade die Tatsachen existieren nur in der Fiktion, nicht im Gedächtnis, das zum Verblassen neigt, und die Geschichte hat nicht die Wahrheit zum Ziel, sondern – von Grass etwas harmlos ausgedrückt – die Unterhaltung. Abschätzig werden die Versuche abgetan, es genauer wissen zu wollen. »Mich höre ich zu laut lachen, weißnichtworüber.«[44] ›Weißnichtworüber‹ in einem Wort, das Ungenaue als Wort. Oder: Grass erhält Auskunft, die die Propaganda der Nazis Lügen straft. Wer ihm Auskunft gibt? Ein ›Weißnichtmehrwer‹[45]. Solche metonymische Bewegung geht letztlich zu Lasten des Gegenstands, des Subjekts in der Geschichte – der Spott über sich selbst (und die eigene Gedächtnisanstrengung) sowie über den, der in der Erinnerung auftauchen soll, verschmelzen. Unrecht haben allein die Kritiker, die mehr erwarten.

Dem Jungen, den, sobald die Geschichten einsetzen, die Häme trifft, gibt Grass – bewandert in moderner Erzähltechnik – die dritte Person. Ein Er, und nicht ein Du, steht ihm gegenüber. Beide wehren sich gegen einen Dritten, die Öffentlichkeit von heute. Man liest: So »wurde der Junge meines Namens durchaus freiwillig Mitglied des Jungvolks, einer Aufbauorganisation der Hitlerjugend.«[46] ›Durchaus‹ sagt Grass und gebraucht das Adverb der Herablassung und Distanz, als wollte er sagen: ›Da muß ich den Kritikern Recht geben‹, und zugleich läßt er ein ›Aber‹ mitschwingen: Sie sollen sich nicht überheben, denn Gründe gab es zur Genüge. Die Entlastung dank des Interesses, das man akzeptieren kann, prägt den Aufbau der Textpassagen und die Erzählstruktur insgesamt, etwa jene Passage, mit der das Skandalon beginnt: Das ›Ich‹ als Er meldet sich freiwillig zur Marine. Das kommt scheinbar ohne Wenn und Aber: »Fest steht, ich habe mich freiwillig zum Dienst mit der Waffe gemeldet.«[47] Nun folgt das Warum, das jenes ›Aber‹ motiviert. Er wollte: Den Mädchen imponieren: »Wir Jungs sahen das so.«[48] Den kleinbürgerlichen Verhältnissen entkommen: »Ich stieß mich an allem, zum Beispiel am fehlenden Bad und Klo unserer Wohnung. In der Batterie Kaiserhafen gab es immerhin den Duschraum und weitab die Mannschaftslatrine.«[49] Schließlich die Wochenschau: »Keine Wochenschau, die mir nicht die erfolgreiche Heimkehr der Boote ins Bild gesetzt hätte.«[50] Dann folgt die Tat, wie gelenkt: »Soviel ist sicher: nach längerem Fußmarsch nahm ich die Straßenbahn […, dann:] Eine knappe Stunde Fahrt brachte mich ans Ziel meiner auf blankes Heldentum getrimmten Wünsche.«[51] Zur Meldestelle. Und daraus habe sich das weitere ergeben: Die Marine nimmt ihn nicht, und so sei er zur SS-Einheit ›Frundsberg‹ abkommandiert worden. Das störte ihn nicht weiter. Grass' ›Aber‹ gibt hier wie sonst auch den Ton an: Je mehr Gründe er gibt, je mehr er die habituellen Einwände abtut mit habituellen Argumenten (so spricht er etwa, nach Abzug aller jener Gründe, von einem »Rest, der allzu geläufig Mitverantwortung genannt wird«[52]), umso schwächer wird die Freiwilligkeit. Der Ton des ›Aber‹ ist dem Volk (von damals wie heute) salopp abgehört, samt den Fehlern und allem Antiintellektuellen. Denn wenn sogar die Intellektuellen von Zwängen sprechen, wie könnte ein kleiner Krämerssohn dagegen an: »Des Muttersöhnchens Haß auf den Vater, diese unterschwellige Gemengelage, die bereits den Ablauf griechischer Tragödien bestimmt [das ist heruntergekommenes, fälschendes Bildungsgut, denn ausgerechnet Ödipus hat keinen Ödipus-Komplex] und den Seelendoktor Freud [so spricht das Volk eben, hämisch über einen, der es besser wissen will] und dessen Schüler so einfühlsam und beredt [statt der Analyse, will das heißen, wie sie, aus Interesse, behaupten] gemacht hat, wird bei mir, wenn nicht Ursache, dann zusätzlicher Antrieb gewesen sein, wohin auch immer das Weite zu suchen.«[53] Soviele Gründe unterlaufen die Idee einer freiwilligen Meldung; das ist gegen den Jungen gerichtet, der sich souverän wähnte[54] – doch auch sich selbst, den Heutigen, betrachtet Grass, gewitzt, mit Spott; die Häme, die den souveränen Er trifft (und paradoxerweise exkulpiert), entspringt womöglich seinem eigenen Wollen, denn es könne »nur die fragwürdigste aller Zeuginnen, die Dame Erinnerung, angerufen werden, eine launische, oft unter Migräne leidende Erscheinung, der zudem der Ruf anhängt, je nach Marktlage käuflich zu sein.«[55] Hier geht es nicht mehr um die Frage der Verantwortung, sondern jedes Interesse steht über ihr. Das völlig zutreffende Argument von Hertha Müller verfängt hier nicht: »Man wird öfter und immer wieder anders erwachsen im Lauf des Lebens, und mit 17 ist man mindestens zum ersten Mal erwachsen, wenn nicht gar zum zweiten oder fünften Mal. Man hat mit 17 schon tausende Male geübt, wie sich Gut und Böse unterscheiden.«[56]

Zu den bevorzugten literarischen Verfahren jener Dame Erinnerung gehört die *Metonymie*, eine rhetorische Figur, die der Häme dient, wo die direkte Nennung den Verdacht erweckt, einem Interesse zu folgen. Die Metonymie schenkt der Häme, deren analytische Kraft darin liegt, nach den Zielen des Verbergens zu greifen, im Verheimlichen der Bosheit einen präzisen historischen Sinn.[57] Metonymie, die Nennung des einen anstelle des anderen, prägt subtil Grass' erste Erwähnung der SS. Sie erfolgt fast nur zum Schein. »Mein nächster Marschbefehl machte deutlich, wo der Rekrut meines Namens auf einem Truppenübungsplatz der Waffen-SS zum Panzerschützen ausgebildet werden sollte: irgendwo weit weg in den böhmischen Wäldern ...«[58] Die militärische Formation tritt, dank der unmerklichen Akzentverlagerung in der Syntax, gegenüber dem Ort, wo sie stationiert sei, in den Hintergrund, einem Ort, der (im untergründigen Herbeizitieren der böhmischen Dörfer) seine Realität einbüßt. Solche Volatilität prägt den Stil insgesamt, in dem das politische Ich von Grass, nicht das moralische, also: das Ich des

Moralapostels sich schützt. Für die ihm sinnhaften SS-Zeichen zieht er in der ihm geläufigen Aposiopese Indirektes vor, er sagt: »doppeltes S«, »doppelte Rune« oder »Doppelbuchstaben«.[59] Manchmal genügt es, einen Satz mit zwei unterschiedlichen Akzenten zu lesen und sich der Wirkung der zwiespältigen Formulierung bewußt zu sein. Man lese etwa den Schluß des SS-Geständnisses, eine entscheidende Stelle: »Damit zu leben ist für die restlichen Jahre gewiß.«[60] Das ›gewiß‹ oszilliert: Meint Grass es im Sinn einer Strafe (›dazu bin ich verurteilt‹), oder – mit einer kleinen Zäsur davor gesprochen: »Damit zu leben ist für die restlichen Jahre / gewiß.« – im Sinn einer jener Unausweichlichkeiten, die im Grassschen ›Aber‹ beheimatet sind? Als wollte er sagen: ›Da kann man *nolens volens* nichts machen; den Humor wollen wir gewiß nicht verlieren.‹

Bleiben da – um an die Frage der Kritiker zu erinnern – die Worte oder die Werte? Am ehesten eine literarische Geschicklichkeit im Dienst abgebrühter Ethik. Aus der Sicht des Autors wäre das wohl kein Vorwurf.

Maskenspiele

Walter Jens (geboren 1922), der als Schriftsteller zu den großen Hoffnungen nach 1945 zählte, seit 1963 Professor für Klassische Philologie und Allgemeine Rhetorik in Tübingen und seinem Verständnis nach ›poeta doctus‹, möchte wie Grass sagen: ›Ich war auch so einer‹, doch ist er weniger frei als Grass, der, erfinderischer, mit der Wirklichkeit spielt und sie – sich selbst benutzend – wieder neu herstellen kann. Jens greift zu einem anderen Mittel (Grass' Stil etwa hält er für unkontrolliert[61]) – zum Maskenspiel, das in der *theatrum mundi*-Tradition die Welt als Bühne nimmt und auf zwei Seiten agiert. Einmal beansprucht der Spielleiter den göttlichen Überblick, dann wieder mimen die Menschen eine Rolle und leben in der Täuschung. Jens erkundet jeweils die Seiten, doch daß er zwischen den Welten beweglich bleibt, macht sein ›Theater‹ aus. Darin ist er konsistent, und so verbirgt er ein authentisches, ethisches Ich, das vom spielenden nicht berührt wird. Im Maskenspiel lebt ein doppeltes Ich.

Die Grundstruktur wird in einem Gleichnis deutlich, das Jens 1959 in seinem Buch ›Die Götter sind sterblich‹ erzählt. Das Gleichnis zielt auf die historische Situation im »Niemandslandsreich«[62] nach dem Krieg. Man hing der Fiktion einer doppelten Welt schon in der Nazizeit an und tat so, als wären die Nazis nicht die eigentliche Geschichte gewesen, so daß man nun an eine frühere heimliche, traditionelle, kulturelle Welt anknüpfen mochte, und selbst wenn man mitmachte, galt es eigentlich nicht. Dabei waren natürlich auch die Leute, die sich zurückgezogen hatten, verstrickt. Eine Fiktion also, die, wenn man sie durchschaute, immerhin die Möglichkeit eröffnete, in der Nachkriegszeit zunächst voranzukommen. Jens erzählt also: »Als der Schauspieler S. auf seinem Landsitz, einem alten Schloß an der Côte d'Azur im Sterben lag, verschwieg ihm seine Frau, daß unten im Salon die Gläubiger warteten, um Schloß und Hof zu pfänden. Sie wußte, wie sehr ihr Mann den Reichtum liebte – zeitlebens hatte er, ein galizischer Schuhmacherssohn, nichts mehr als Schulden und Armut gefürchtet –, deshalb hielt sie die Gläubiger ab und ließ den sterbenden S. in der Meinung, er könne noch immer, wie zur Zeit seines Ruhms, über Millionen verfügen. In Wahrheit aber war selbst das Totenbett schon lange verpfändet. / S., von der Klarsicht des Todes erfüllt, durchschaute den Trug, doch ahnte er, daß seine Frau, die er sehr liebte, ihm nicht glauben würde, wenn er ihr sagte: ›Ich weiß, daß ich arm bin, aber es schmerzt mich nicht mehr.‹ Darum ertrug er ihre Lügen geduldig, nahm das Opfer an und schwieg. / Beide, der Mann und die Frau, wollten den anderen schonen; beide dachten: ›Sei glücklich in Deinem Wahn, die Wahrheit wirst Du niemals erfahren.‹ / [und am Ende der Erzählerkommentar:] Doppeltes Versteckspiel, ein Gleichnis für die Unwirklichkeit unseres Standorts: wer spielt hier mit wem, wo endet die Wahrheit, wo beginnt der Trug?«[63] Nun gibt es diese Unklarheit zwar für die Figuren, aber nicht für den Erzähler, der mit restloser Klarheit auf den Trug blickt, ebenso wie seine Leser. Der literarische Sinn des Ganzen ist erbaulich christlich, auf Seiten der leidenden Kreatur und lautet: Aus Rücksicht verfehlen die Figuren einander, doch sind sie rücksichtsvoll in einer ausweglosen Lage. Der Erzähler kommentiert strategisch, er möchte die Menschen in ihrer Täuschung belassen und nicht den christlich-theologischen Wert formulieren, der die Menschen, gegen ihre Lage, also außerhalb, von einem Opferdenken her, bewegt. Sprächen sie miteinander, würden sie ihre Lage überwinden, oder mit anderen Worten: einsehen, daß die finanzielle Not angesichts des Todes sekundär geworden ist. In der kollektiven, jeden täuschenden Einsamkeit indes erkennen die Menschen nicht den *exoterischen* Sinn des Welttheaters.

Man kann leicht zwischen der *Sicht der Figuren* (also den in der Täuschung verharrenden Menschen), dem *Sinn der Geschichte* (der den Menschen verborgen bleibt, aber ihr Handeln erklärt) und einem *Erzähler* unterscheiden, der das Geschehen *explizit kommentiert*. Damit sind die Elemente einer Jensschen Trias versammelt. Merkwürdigerweise greift der Erzähler für seinen Kommentar nicht auf den Sinn der Geschichte zurück (also – methodisch gesprochen – auf eine Interpretation), sondern verabsolutiert, wider besseres Wissen, die begrenzte menschliche Sicht: eine Finte. Denn Jens als Autor des ›Welttheaters‹ will kein dialogisches Verhältnis zu seinen Gestalten gewinnen, sondern erzählt für seine Leser, mit denen er sich gleichsetzt (er sagt ›wir‹), und für die die Täuschung ein möglicher Weg war. Die Wahrheit liegt offen zutage, ebenso die Vertuschung, beides erkennen die Leser, die wie der Autor über das Geschehene nicht sprechen können. Er könnte auktorial fragen, warum er die Dinge getrennt hielt. Das geschähe freilich auf Kosten des auf die Leser gemünzten Kippeffekts von Reden und Beschweigen. So bleibt es dabei: Was nicht benannt wird, spricht – und das Gesagte dient dem Schweigen. Doch weder der Gehalt noch die Strategie des Erzählers bleiben im Verborgenen. Das ist – enggeführt – die Wahrheit eines ›authentischen‹ Autors.

Wenn die Institutionen (der Dichter und Gelehrten) nach verschiedenen pronominalen Lösungen verlangen (vgl. den Abschnitt zur ›Lese-Ich-Kontinuität‹), so hat die *Einsamkeit*, der eigentliche Sinn jenes Gleichnisses, mehr mit dem Dichter als mit dem Professor zu tun. Jens betont in seinen Selbstdarstellungen zwar die Institutionen: zuerst das Hamburger Johanneum, das er bis 1941 besuchte; immer verknüpft Jens dessen Humanismus mit dem hohen Ansehen der Schule, während sie auch unter den neuen NS-Machthabern sich als Elite verstand: die damaligen Hefte der Zeitschrift ›Das Johanneum. Mitteilungen des Vereins ehemaliger Schüler der Gelehrtenschule des Johanneums‹[64] geben reichlich Aufschluß – und: Neben der Büste von Horaz stand auch die Hitlers. Jens hebt darauf das Studium bei Bruno Snell, dem aufrechten Philologen, seit 1942 in Hamburg, hervor, die Promotion 1944 in Tübingen über ein trockenes Thema des Metiers (›Die Funktion der Stichomythie in Sophokles' Tragödien der Mannesjahre‹[65]). Doch zunächst zieht Jens sich nicht in die Universität zurück, sondern wählt die Literatur. Die erste Erzählung ›Das weisse Taschentuch‹[66] erscheint 1947.

Es ist die Literatur im Sinn der Gruppe 47, deren Mitglied er 1950 wird, eine Literatur als literarisches Leben, das in der dichten Kommunikation zwischen Autoren, Verlagen, Zeitschriften, Jurys und Verbänden pulsiert, einer Autorenformation, die gemäß Hans Werner Richter, ihrem

Gründer und Mentor, politische und literaturpolitische eher denn literarische Ziele verfolgte: »Der Ursprung der Gruppe 47 ist politisch-publizistischer Natur. Nicht Literaten schufen sie, sondern politisch engagierte Publizisten mit literarischen Ambitionen.«[67] Literatur heißt für Jens also auch Öffentlichkeit, er hat sich für deren auf die NS-Zeit bezogene Zwangsdialektik entschieden, nach der der Moralist aus lauteren politischen Motiven nicht sagen darf, wozu seine Literatur – als kritische – ständig auffordert, nämlich an die Verbrechen zu denken. Gleichwohl war die Literatur persönlicher als die Philologie, in ihr entkam man nicht so leicht dem Eigenen, also der Komplizenschaft vor 1945. Sie beanspruchte die Oberhand und gewann sie auch, bis in die Universität hinein. Das persönliche Problem wollte Jens literarisch, also nicht für die Universität (die das Ich der Professoren salvierte) lösen – literarisch im Sinn einer Öffentlichkeit, die selbst nicht weniger eine Institution war. Die Aufgabe in den frühen Prosawerken lautete, über das Verhalten im Zeitenbruch beredt zu schweigen.

Die Argumentationsfigur, welche den Werken nach 1945 eigen war, wandte Jens im Jahr 2003 noch an, um einer Identifikation mit dem Eintrag in die Mitgliederkartei der NSDAP zu entgehen.[68] Die Welt wird wieder als Theater imaginiert – man denke an das Ehepaar und ihre Komödie – und beide Optionen, die irdische und die ›göttliche‹, spielen einander zu. Zunächst präsentiert Jens die Anmeldung zur Partei als Theater – und damit als absurd. Auf die Frage von Willi Winkler in jenem Interview in der ›Süddeutschen Zeitung‹[69]: »Waren Sie in der NSDAP?« antwortet er: »Ich möchte mit großer Gewißheit sagen: Nein«. Wieder die von Grass schon vertraute syntaktische Schwebung zweier Bedeutungen, um den Sprecher zu schützen, ohne direkt lügen zu müssen: Der Wunsch, und damit die Hinfälligkeit der Aussage, ist umkleidet von der emphatischen Geste: »Ich möchte«. Er *möchte* die Tat bestreiten, aber hat der Wunsch eine Grundlage? Jens spricht weiter: »Ich möchte mit großer Gewißheit sagen: Nein, denn ich wüsste nicht, wohin ich hätte gehen sollen. Wo befand sich – wenn es sie gab – die Ortsgruppe Eppendorf? Bin ich da hineingegangen und habe gesagt: ›Heil Hitler, ich will in die NSDAP eintreten?‹« Wenn der Beitritt Theater ist, dann gibt es ihn in der ernsten Welt des Jens als ›Spielleiter‹ nicht. Muß man aber von der Mitgliedschaft her interpretieren, dann sollte eine *ernsthafte* Legitimation im Theatralischen, das alles und auch den Beitritt prägte, denkbar sein. Jenes ›möchte‹ schafft die Möglichkeit, im ›Ja‹ nein gesagt zu haben.

Jens will daher zwischen den zwei Hinsichten, die das *Welttheater* bietet, vermitteln, so daß selbst im Gespielten, im Rollenverhalten sich das Reine zeigen könne. Das ist zwingend, denn sowohl die Figuren als auch der Spielleiter sind Rollen, in denen sich Jens bewegt. Darin liegt der eigentliche Sinn der seinerzeit viele Leser skandalisierenden Angabe, im selben Interview: »Ich bin ein Mann des *peut-être*.« Dieses ›Möglich‹ oder ›Vielleicht‹ ist Jens' Antwort auf Winklers Frage, ob seine frühen Werke, die das Problem von Zugehörigkeit in totalitären Systemen behandeln (so im Roman von 1950: ›Nein. Die Welt der Angeklagten‹[70]), autobiographisch seien. Die Zweifel, die dieses ›Vielleicht‹ ausdrücken, rühren von einer Aufgabe, die vielleicht nicht zu erfüllen war: Im Theater der Welt (wozu auch seine NSDAP-Geschichte gehöre: das Antragsformular nannte Jens einen »Wisch«) ein eigenes ›Gesicht‹ zu bewahren. Aber wo wäre dann das Leben, das autobiographisch zu treffen ist? Dort, könnte die Antwort lauten, wo die beiden Optionen von Rolle und Spielleiter (denn der Roman vertritt beide) in der Interpretation zusammengeführt werden. Das ›Vielleicht‹ wäre so zu überwinden, doch will das letztlich nicht gelingen.

Das ›peut-être‹ gelte gerade für seine Kunst – ihre Welt sei dieses ›Vielleicht‹. Jens hat sich stets als Spätgeborener, als Epigone gegeben, der – wie die Philologen Alexandriens – nicht authentisch sprechen, wohl aber eine Fülle von Stilen beherrschen könne. 1957 heißt es in seiner Aufsatzsammlung ›Statt einer Literaturgeschichte‹: »Wenn die Gegenwart keinen Schatten mehr wirft [Jens spielt auf Hofmannsthals Erzählung und Libretto ›Die Frau ohne Schatten‹ an und meint damit: wenn die Gegenwart ohne ursprüngliches Leben sei], braucht man, um die eigene Situation zu bestimmen, die Silhouette des Perfekts; wenn es den Stil nicht mehr gibt, muß man die Stile beherrschen: auch Zitat und Montage sind Künste, und das Erbe fruchtbar zu machen, erscheint uns als ein Metier, das aller Ehren wert ist.«[71] Zur Insignie dieser Poetik nimmt Jens den Götterboten *Hermes*, der sich vor seinem Halbbruder Apollo und vor Zeus herauszureden weiß, der die Mutterliebe Heras ergaunert, der Gott der unendlichen Vermittlung, der bei Rilke, Kafka, Max Frisch (›Homo Faber‹ 1957) und Thomas Mann zu einer Figur der Abwesenheit wird, der Abwesenheit von göttlich verbürgtem Sinn.[72]

So wird die Frage, wie das Ich sich in der Welt als Theater konstituiere und bewahre, im Werk von Walter Jens thematisch. Sein Roman ›Vergessene Gesichter‹[73] (1952) spielt in der französischen Provinz, wohin sich, in ein altes Schloß, Schauspieler nach ihrer Karriere zurückgezogen haben. Stirbt einer von ihnen, dann führen die noch verbliebenen Schauspieler vor dem Sterbenden das ›Spiel von dem Tod und dem kranken Mann‹ auf – Jens aktualisiert die Jedermann-Tradition. Der sterbende Kranke ist im Stück ein Schauspieler, der sich angesichts des Vorwurfs rechtfertigen muß, er habe nur gespielt und stets die Rollen gewechselt. Der Teufel gibt den Advokaten und fordert, den Angeklagten zu verurteilen: »Der heute itzt / Und morgen itzt / Dem Wind sein Mäntelchen entgegenhielt, / Der einmal böse war / Und einmal gut, / Und glaubt' am End', / Er könnte beides sein.«[74] Der Kranke verteidigt sich: »Gar recht geglaubt.

War nichts als was ich spielte. / Und bin es noch. Bin nichts als meine Rollen.«⁷⁵ Die Institution macht ihre Rechte geltend: Das Theater verlangt nach den Rollen, doch nun kommen im Roman die Zuschauer zu Hilfe und nehmen die Bühne als moralische Anstalt: Wer ihn gesehen habe, wurde – jenseits des Tatsächlichen und des Textes – fromm. Im Schutz der Institution des Theaters bewahre sich das Eigene, und so lautet die Moral des Spiels schließlich: Das Wechselbild sei nur möglich durch das feste ›Gesicht‹ (daher auch der Titel des Romans: ›Vergessene Gesichter‹); des Teufels sei, wer das fromme, eigentliche Gesicht nicht zu erkennen wisse, das gerade in der Vielfalt der Rollen sich halte, und wer statt dessen auf einer Konsistenz der Rollen bestehe – des Teufels also alle Leute, die – auf die Lebensgeschichte von Jens übertragen – den stillschweigenden Bruch im Verhalten beklagten (1952 kann hier ›1945‹ meinen). Gerade indem das Ich seine Rollen entschieden spiele, sei es imstande, ohne Schaden für sich selbst, moralischen Nutzen (und sei es in kathartischer Umkehrung) aus den Werken zu ziehen. Eine protestantische Auslegung des barocken Vanitas-Gedankens.

Doch die Frage nach dem Ich im Maskenspiel bleibt jenseits des Literarischen unbeantwortet. Denkbar ist freilich, in der *Reflexion* auf eine Rolle, diese Rolle, die nun einen anderen, hintergründigeren Sinn erhielte, im ›Gesicht‹ zu erneuern. Gibt es ein authentisches Erzähler-Ich, das sich in solcher Verdoppelung konstituiert, in der – durchaus auch – ironischen Betrachtung seiner selbst? Verfügt Jens über die Mittel, sich selbst bei seinem Willen zum begrenzenden Sinn im ›Gesicht‹ zu betrachten? Ist das Ich mehr als eine (öffentliche, theatralische) Oberfläche? Vor allem: Kann es ein Verhältnis zur möglichen Sinnlosigkeit einer *mörderischen* Theaterrolle gewinnen? Diese Frage ist entscheidend, denn sie zielt auf das Vermögen, der Versuchung zu entgehen, selbst im (figural) Schlimmsten noch einen positiven Sinn auszumachen. Hier entscheidet sich, ob die Strategie funktioniert, vom Geschehen über den Innenspiegel der Oberfläche zu sprechen.

Doch anstatt daß Jens sein Autor-Ich mit der Welt seiner Figuren ›sprechen‹ läßt, schafft er im unerkannten Helden einen Stellvertreter, den er in die hoffnungslose, blinde Welt der Menschen einführt. Dort läßt er ihn als Spielleiter (er vertritt in Jens' Trias den *Sinn* des Geschehens) zugrunde gehen. Im Opfer des Helden erhält der Zwang, der das Opfer provoziert, einen Sinn. Das Ich des Autors hat in den Gestalten seines Werks keine Partner. Mit Allegorie, Parabel oder Gleichnis wählt Jens eine Form, die diesen Abgrund bewahrt. Sie war in der Nachkriegszeit beliebt.[76] Denn die Allegorie ist eine kalte Form, deren Wahrheit allein von ihrer inneren Konsistenz abhängt. Insofern sie die eindeutige historische Referenz verweigert, kann der Autor eines allegorischen Romans dessen Welt von sich fortschieben – der allegorische Roman wird zu einer Gestalt der pronominalen Dissoziation. Sorgfältig drückt Jens im gewählten Sujet der Parabel ihren Sinn: die Kälte, und genauer: den Sieg eines totalitären Systems aus.

Jens beantwortet sowohl in seiner Erzählung ›Das weisse Taschentuch‹ (1947), die unter dem Pseudonym Walter Freiburger erschien, als auch in seinem ersten größeren Roman ›Nein. Die Welt der Angeklagten‹ (im Mai 1949 geschrieben, dann mit großem Erfolg und in einigen Übersetzungen publiziert) gerade die Frage – jeweils in einer Parabel – abschlägig, ob das ›Gesicht‹ in der Betrachtung seiner selbst sich als Subjekt konstituieren könne. Gibt es eine Subjektivität, die nichts mit dem Wort ›subjektiv‹, im Sinn der Täuschung, aber alles mit der Stellungnahme eines Subjekts zu tun hat, mit einem (zumindest versuchten) Eingriff in die Welt, dann besitzt sie ihre Wertgrundlage außerhalb des Systems. Das ›Nein‹ des Protagonisten im gleichnamigen Roman hat fatale Folgen. Das Geschehen ist »nach dem letzten Krieg«[77] angesiedelt: Die einzige verbliebene Macht baut – im Sinne eines Extrakts aller bisheriger politischer Erfahrungen – ein Regime auf, dessen konstituierender Gestus die *Anklage* ist. Darauf beruhen die drei Klassen: Die Angeklagten, die Zeugen (also die Angeklagten, die selbst angeklagt haben) und (als Zeugen, die sich bewähren) die Richter; einzig der oberste Richter kennt die Funktionsweise des Systems. Das gibt ihm die Macht, die er nun dem Helden, Walter Sturm, übertragen möchte, nicht um die Staatsmaschine am Laufen zu halten (das ist, es wird ausdrücklich betont, nicht mehr nötig), sondern um das Systemwissen zu tradieren; Sturm lehnt ab und wird ermordet. Am Ende des Romans steht das große soziale Glück: Das System erreicht sein Ziel, denn nun haben alle die Anklage hinter sich. Es leben keine Menschen mehr, sondern nur mehr Wesen mit Funktionen, die sich – und darin liegt ihr Wesen – selbst nicht kennen; auch der oberste Richter (der Spielleiter gewissermaßen) trägt eine Maske, die er, um sich selbst nie ansehen zu müssen, nur im Dunkeln ablegt. Ein vollkommenes System wird vorgeführt, das jede der vorgesehenen Lebensformen zu einer fatalen, schuldhaften Verstrickung in das System führt. Das ›Theater‹ ist total. Wer die ihm angebotene Rolle, welche auch immer, ausschlägt, büßt das in dieser (und allegorisch jeder) Welt mit dem Tod.

Der Tod, für den der Held sich entscheidet, wird zu dem für die anderen vollzogenen Opfertod. Damit weist der Erzähler in einen Bereich, zu dem in der Welt des Romans keinerlei Selbstbetrachtung und auch kein Dialog führen kann. Walter Sturm ist extraterritorial, er hält sich wie der *reine* Sigismund in der Bühnenfassung von Hofmannsthals Trauerspiel ›Der Turm‹[78]: »›Du bist der Letzte‹, sagte der Richter. [...] Walter Sturm hatte die Arme über der Brust gekreuzt. Um seinen Mund spielten kleine Falten. Die Bahre war verschwunden. Schüsse fielen.«[79] Der Opfertod des letzten Menschen gibt, bevor das dumme Glück sich ausbreitet, dem Leid in der ›Welt der Angeklagten‹ noch einen christlichen Sinn, mit den Armen im Kreuz.

Die Zeitangabe macht aus dieser Geschichte ein Vexierbild, ein ›Vielleicht‹. Man bewegt sich (ich erinnere an das Schloßherrengleichnis) auf der Ebene des strategischen Erzählers. Denn je nachdem, ob man das Geschehen, in der Auslegung, auf das ›Dritte Reich‹ vor 1945 bezieht (dafür lassen sich Einzelheiten ins Feld führen: der Name des Helden, oder der Ort des Geschehens ›Braunsberg‹, die schwarzen Stiefel des Richters, die zurückliegenden Bücherverbrennungen), oder auf die Nachkriegszeit (wofür neben der Zeitangabe auch die ›Anklage‹ als Ausdruck des Systems spricht), entscheidet darüber, was in diesem System ›Wissen‹ und insofern das ›Nein‹ dazu bedeuten. Wehrt sich Walter Sturm gegen die Diktatur (und haben alle sonst mitgemacht), oder wehren er und die vielen Angeklagten sich gegen den Verdacht, mit der Diktatur gemeine Sache gemacht zu haben? Gegen einen Verdacht freilich, der unbegründet sei in dem Maß, in dem der Grund für die Anklagen unerheblich, weil durchwegs systemimmanent war. Ist der Roman als soziale Utopie zu lesen (wie die Rezensenten das 1950 taten[80]), oder als Zeitdiagnose für die, die Jens ›richtig‹ zu lesen verstanden? In der Allegorie manifestiert sich die doppelte Optik der *Täter*: Der Opfertod des Helden kann selbst die Bedrohung der ehemaligen Parteimitglieder und Nazimitläufer *post festum* rechtfertigen. Jens und Grass rücken zusammen: Beide sehen sich sinnvoller Weise mit den anderen angeklagt.[81] Die Zeitangabe der kalten Allegorie hat ihr irrisierendes Ziel erreicht und – als heimlicher Sinn für die Leser – die Sicht der Täter vor 1945 (›Man konnte nur mitmachen oder sterben‹) mit der der ›Täter‹ danach (›Immer müssen wir uns rechtfertigen‹) in einer Fiktion »nach dem letzten Krieg«[82] vereinigt.

Jens kann noch viele Jahre später die *Sinnlosigkeit* der Judenvernichtung von vor 1945 nicht akzeptieren, gerade auch weil er mit ihr nichts zu tun hatte. In dem kurzen Essay über die ›Passion der Juden‹[83] aus dem Jahr 2000 beginnt Jens seine Betrachtung mit dem Wort Ich, er setzt sich in Szene, als eine dritte Person: Das Ich ist ein ›Er‹, das ein Bild betrachtet. »Ich schaue das Bild an: hunderte, tausende von Männern gehen, barhäuptig und schweigend, durch die Straßen, zu dritt oder zu viert. […] Nichts von Ekstase, drastischen Gesten, Drohgebärden und schriller Mimik. Der 10. November 1938, so wie er sich auf dem Bild präsentiert, kommt leise daher. / Aber der Schein trügt: Es ist der Tag nach dem Synagogenbrand, dem großen, von langer Hand vorbereiteten Pogrom: Die Karwoche fällt im Jahr 1938 für die Juden in Deutschland in den November.«[84] Das Ich in der Szene der Betrachtung einer Szene stellt sich und seine Beobachtung zu einem noch größeren Narrativ in ein Verhältnis: zum Passionsgeschehen. Der Judenmord wird als Passion gedeutet, die Juden auf der Straße haben eine Rolle, Jens sagt: »das Gas, das andere Kreuz«[85]. Vom Kreuz komme Hilfe, denn Jesus sei der Bruder der Juden von 1938. Gegen solche Anmaßung zwang Celan in seinem Gedicht ›Tenebrae‹ den Christengott, zu den Juden, die er auf dem Gewissen habe, zu beten: »Bete, Herr, / bete zu uns, / wir sind nah.«[86] Als Jens Celans Gedicht ›Matière de Bretagne‹ vom »Karfreitagsgeschehen« her deutet, ohne zu beachten, daß die Andacht hier vom Nichts ausgeht und die Natur gegen einen heilsgeschichtlichen Sinn stellt, schreibt Celan bitter an Adorno: »Ich werde jetzt – nein: nicht erst jetzt – folgerecht auch ›entjudet‹ bzw. meines Judentums entkleidet. / Vorgezeichnet ist dieser – und nicht nur dieser, sondern auch der ›Genie=Wahnsinn‹-Weg von Herrn Professor Doktor Walter Jens in seiner ›Interpretation der ›Matière de Bretagne‹.«[87] Konsequent deutet Jens in seinem Passionstext die NS-Geschichte theologisch, innerhalb des

Paradoxons, daß die Nazis als Christen den Juden antaten, was sie – als schlechtes Beispiel – aus den Evangelien kannten. Das entsprach bereits unmittelbar nach dem Judenmord dem Zeitgeist: Man suchte Golgatha in Auschwitz. Dieses Ich kann die *Sinnlosigkeit* des Judenmords *nicht* anerkennen.

Daher wird das Wort ›Gesicht‹ aus dem Roman ›Vergessene Gesichter‹ schließlich doppeldeutig: Es behauptet eine Authentizität auf der Oberfläche, und zwar in den dort aufgebauten Relationen, deren Meister Hermes ist, der unendliche Vermittler: So wie das Ich sich zu einer protestantischen Rolle verhält, ist auch in den anderen Werken stets die Summe der Spiele und Rollen bedeutsam. Daher gehört zu Jensens Lieblingsfiguren die aufgeregte, atemlose Aufzählung, in der alles zueinander in Beziehung zu bringen sei. Solche Beziehungen kann er sich sinnvoll vorstellen. Davon profitiert das Ich: es erhält ein ›Gesicht‹ und einen Sinn, ohne daß ein – tieferes – Ich sich mit seinem eigenen, öffentlich gewollten Willen zum Sinn auseinandersetzen muß. Mit anderen Worten: Das Ich hat sich entzweit und verdoppelt. Es behauptet sich in der ›Welt der Bezüge‹ (Hofmannsthal), wo aus dem Vielen das Eigene entstehen soll. In dieser Welt mag es sich regenerieren. Dieses Ich ist vor allem Tätigkeit, Tätigkeit in einem literarischen, künstlerischen Raum (in der Figur des Werks ist ja dessen Wahrheit, in der Brechung, gegenwärtig). Wird die Realität ästhetisch umgedeutet, bleibt sie – da literarisch – ohne Folgen für das andere Eigentliche. In dem Aufsatz über den Gott der Diebe entpuppt sich Hermes schließlich als rhetorische Figur, die im Schein einer Auflösung das eigentliche Ich im Dunkeln hält, als wäre es gerettet:[88] Die Einsichten auf der Spielebene tangieren ein authentisches Tiefen-Ich nicht, da es sich nur in der Engführung von Figur und Gott im *theatrum mundi* zeigte. Doch eine Vermittlung im – eigentlich trennenden – göttlichen Opfer kann nicht gelingen: Wer aus der Geschichte und den (parabolischen) Geschichten aussteigt, würdigt noch im Sprung die verlassene Welt. So bewahrt Jens, gegen die Historie, die eigene ethisch-religiöse Konstruktion.

Pronomina

Damit bin ich am Schluß meiner Überlegungen. Walter Jens, der ein authentisches Ich vor den Erfahrungen des historischen, so vieles lesenden und Hermes verwandten Ichs schützt, und Günter Grass, der in der Häme ein Verhältnis zu seinem ›Er‹ sich schafft, sie bleiben beide – wie auch die Germanisten – bei ihrem offiziellen Ich. Die Unterschiede sind institutionell bedingt: Der Literaturnobelpreisträger schreibt im Sinn einer Moralpolitik, der Literaturkritiker verfehlt im Literarischen, das er anstrebt, um dann doch in der Welt das Theater Gottes zu sehen, das eigentliche ethische Ich, und den Germanisten ist es untersagt, in ihrer Institution Ich zu sagen. Ein ›Du‹ möchte man allen wünschen, das dem Ich replizierte und es zu verändern wüßte. In diesem Mangel, in einer nicht genutzten pronominalen, also auch *literarischen* Möglichkeit liegt vielleicht das Scheitern ihres Versuchs begründet, die Dinge nicht zu benennen.

Anmerkungen

1 Günter Grass, Im Zwiebelkeller, in: Die Blechtrommel, Bd. II der Werkausgabe in 10 Bänden, hg. von Volker Neuhaus, Darmstadt 1987, S. 642-661. — 2 Ludwig Greve, in einer der ersten Würdigungen von Günter Grass, einer Rede zur Ausstellungseröffnung 1955 in Stuttgart, merkte schon darauf: »Du lebst in Berlin, [...] als seien die Gespenster der Vergangenheit wirklich Gespenster [...]. Ich beneide Dich um diesen Gleichmut und werde mit ihm versöhnt durch Deine Arbeit, die wirklich voller Mitleid ist.« (Greve, Zeichnungen und Plastiken von Günter Grass. Eröffnung der Ausstellung in der Galerie Lutz & Meyer in Stuttgart am 19. Oktober 1955, in ders., Ein Besuch in der Villa Sardi. Porträts, Gedenkblätter, Reden, hg. von Reinhard Tgahrt, Warmbronn 2001, S. 189-192, hier S. 191f.). — 3 Im ersten Gedicht ›Hart und leicht‹ der Sammlung ›Dummer August‹ (Göttingen 2007), eines lyrischen Tagebuchs vom Sommer und Herbst 2006, heißt es: »Bald – ist zu ahnen – / werde ich nur noch mit mir plaudern, / redselig wie ich bin.« (S. 6). — 4 Grass, Anm. 1, S. 650. — 5 Ebd. — 6 Ebd., S. 655. — 7 Günter Grass, Beim Häuten der Zwiebel, Göttingen 2006; die Dokumente zur Diskussion um das Buch versammelt ›Ein Buch, ein Bekenntnis. Die Debatte um Günter Grass' »Beim Häuten der Zwiebel«, hg. von Martin Kölbel, Göttingen 2007. — 8 In dem ›Prisoner of War Preliminary Record‹ gibt Grass am 2.2.1946 selbst an: »W-SS 10.11.1944« bei der Truppeneinheit »SS-Pz-Div. Frundsberg-D2-Abt.«; öffentlich spricht er davon in der Autobiographie erstmals, doch Kollegen wie Robert Schindel und Hans Joachim Schädlich sind davon schon vor zwanzig Jahren von Grass unterrichtet worden (Spiegel Online, 15.8.2006, vgl. Kölbel, Anm. 7, S. 108). — 9 Netzeitung.de, 12.12.2006; ähnlich auch Roman Bucheli in der ›Neuen Zürcher Zeitung‹ am 14.8.2006 (vgl. Kölbel, Anm. 7, S. 42). — 10 Interview ›Warum ich nach sechzig Jahren mein Schweigen breche‹, in: Frankfurter Allgemeine Zeitung, 12.8.2006 (Kölbel, Anm. 7, S. 27-36, hier S. 29). — 11 Er stellte einen Antrag auf Erlaß einer einstweiligen Verfügung gegen die ›Frankfurter Allgemeine Zeitung‹, nach dem Abdruck zweier Briefe Grass' an den früheren Wirtschafts- und Finanzminister Karl Schiller aus den Jahren 1969 und 1970, mit übrigens genau der politisch-strategischen Argumentation, die ich hier analysiere: Weil Schiller den Bundeskanzler Kurt Georg Kiesinger angriff,

wäre es von jenem klüger gewesen, offen über die eigene, nun einmal schon bekannte NSDAP-Mitgliedschaft zu sprechen, um die Blöße zu vermeiden (vgl. Frankfurter Allgemeine Zeitung, 29.9.2006). — **12** Grass, Anm. 7, S. 43. — **13** »Das ist die winzigtuende Schande, zu finden auf der sechsten oder siebten Haut jener ordinären, stets griffbereit liegenden Zwiebel, die der Erinnerung auf die Sprünge hilft. Also schreibe ich über die Schande und die ihr nachhinkende Scham.« (Grass, Anm. 7, S. 16f). — **14** Ebd., S. 127. — **15** Grass, Anm. 3, S. 27. — **16** Grass, Anm. 7, S. 17. — **17** Ebd., S. 8. — **18** Vgl. Per Øhrgaard, Günter Grass. Ein deutscher Schriftsteller wird besichtigt, aus dem Dänischen von Christoph Bartmann, München 2007, S. 195. — **19** Laut Auskunft des Bundesarchivs (2.11.2007) finden sich in der zu etwa 80% überlieferten NSDAP-Mitgliederkartei (vgl. Anm. 22) wie auch in den anderen Beständen und Sammlungen des ehemaligen Berlin Document Center (BDC) und jenen des sog. NS-Archivs des Ministeriums für Staatssicherheit der DDR keine Unterlagen zu Günter Grass. — **20** Internationales Germanistenlexikon 1800-1950 (IGL), hg. und mit einer Einleitung von Christoph König, bearb. von Birgit Wägenbaur zusammen mit Andrea Frindt, Hanne Knickmann, Volker Michel, Angela Reinthal und Karla Rommel, 3 Bde. mit CD-ROM, Berlin, New York 2003; zur Debatte vgl. Ulrich Wyss, Erstes Lesen im Lexikon. Eine kleine Chronik, in: Geschichte der Germanistik. Mitteilungen H. 25/26, 2004, S. 15-19. — **21** Maxim Biller meinte auf die Frage, ob er von Grass' überrascht war: »Überrascht eigentlich nicht. Grass hat sowieso schon immer etwas seelenlos über Juden und die Opfer des Krieges gesprochen.« (Interview mit Ronald Düker, in: Netzeitung.de, 15.8.2006) Vgl. zum Antisemitismus in der Gruppe 47 Klaus Briegleb, Mißachtung und Tabu. Eine Streitschrift zur Frage: ›Wie antisemitisch war die Gruppe 47?‹, Berlin 2003; vgl. den Abschnitt über Walter Jens, S. 23-36. — **22** Die Grundform des Eintrags lautete: »In der Mitgliederkartei der NSDAP verzeichnet (Datum des Eintrags); Anhaltspunkte für die Aushändigung der Mitgliedskarte, die konstitutiv für die Mitgliedschaft wäre (§ 3 Abs. 3 Satzung NSDAP), bestehen jedoch nicht; auch liegt ein unterzeichneter Antrag nicht vor.« Damit wird der besonderen Aufnahmeprozedur und der Quellenlage heute Rechnung getragen (vgl. Michael Buddrus, »War es möglich, ohne eigenes Zutun Mitglied der NSDAP zu werden?« Gutachten des Instituts für Zeitgeschichte München-Berlin für das ›Internationale Germanistenlexikon 1800-1950‹, in: Geschichte der Germanistik. Mitteilungen H. 23/24, 2003, S. 21-26): Die NSDAP setzte ohne Ausnahme einen persönlich unterschriebenen Antrag voraus: nach Prüfung des Antrags erfolgte der Eintrag in die Mitgliederkartei, doch die Mitgliedschaft selbst kam erst durch die Aushändigung des Parteibuchs an den Antragsteller zustande: der Akt der Aushändigung kann in den wenigsten Fällen aus den Archiven belegt werden. Dem gegenüber versichern einzelne der davon betroffenen Germanisten, von einem von ihnen gestellten Antrag nichts zu wissen. Jedenfalls kam es, so Buddrus, gerade bei jungen Antragstellern vor 1945 offensichtlich nicht mehr zur Aushändigung des Parteibuchs. Auch ruhte die Mitgliedschaft, solange jemand der Wehrmacht angehörte. So konnte man nach der Antragsstellung nie mehr von der Partei gehört haben. Auszuschließen ist nach Buddrus, daß Mitglieder der HJ oder des BDM ohne ihr Wissen und ohne ihre schriftliche Zustimmung ›überführt‹ wurden. Um nicht die Dokumente allein sprechen zu lassen, verzeichnet das Lexikon einvernehmlich die Einsprüche Betroffener, die zum Zeitpunkt des Eintrags in der Regel achtzehn Jahre oder wenig älter waren, vor allem zwischen 1942 und 1944, als das Parteieintrittsalter von ursprünglich 21 Jahren auf 18 und 1944 schließlich auf 17 herabgesenkt wurde. Vgl. ausführlicher König, Anm. 20, S. XXVIf. — **23** Wir waren keine Hellseher. Ein Gespräch [von Wulf Segebrecht] mit Günter Grass, in: Frankfurter Allgemeine Zeitung, 22.12.2003; der Eintrag über Jens in: IGL, Anm. 20, Bd. 2, S. 847-849 (verfaßt von Daniel Tobias Seger). — **24** Die Vermutung liegt nahe, daß Grass nach einer Form für seinen Willen, das letzte Wort zu behalten (vgl. S. 17), damals in der Auseinandersetzung um Jens und andere im Winter 2003 zu suchen begann, und den Zeitpunkt für die Autobiographie für gekommen halten mußte (Grass spricht im Sommer 2006 selbst öfters von einer Entscheidung drei Jahre zuvor). — **25** Wer ein Jahr jünger ist, hat keine Ahnung. Ein ›Zeit‹-Gespräch zwischen Martin Walser und Günter Grass, in: Die Zeit, Nr. 25, 14.6.2007. — **26** Hans Peter Herrmann, Sorge um Ehre und Anstand. In den Rechtfertigungsbemühungen der unlängst bekannt gewordenen NSDAP-Mitgliedschaft bedeutender Germanisten dominiert die private Moral das historische Wissen, in: Frankfurter Rundschau, 21.2.2004. — **27** Karl Otto Conrady, Spuren einer Erinnerung an die Zeit um 1945 und an den Weg in die Germanistik, in: Zeitenwechsel. Germanistische Literaturwissenschaft vor und nach 1945, hg. von Wilfried Barner und Christoph König, Frankfurt am Main 1996, S. 404-410, hier S. 404. — **28** Eberhard Lämmert, Ein

Weg ins Freie. Versuch eines Rückblicks auf die Germanistik vor und nach 1945, in: Barner/König, Anm. 27, S. 411-417, hier S. 414. — **29** Conrady, in: Barner/König, Anm. 27, S. 406. — **30** Manfred Naumann, Biographische Kontinuität in der ›Stunde Null‹, in: Barner/König, Anm. 27, S. 426-430, hier S. 426. — **31** Grass, Anm. 7, S. 37. — **32** Ebd., S. 39. — **33** Ich war lange Jahre angepasst. Walter Jens über seine völkische Jugend, ›entartete Literatur‹ und die Frage seiner NSDAP-Mitgliedschaft, in: Süddeutsche Zeitung, 8.12.2003; Jens hielt die Rede ›Die Epik der Gegenwart‹, in der Zeitschrift ›Der Kilimandscharo‹ erschienen, 1941/42; darüber erstmals: Götz Aly, Was wusste Walter Jens? Wahrscheinlich geschah seine Aufnahme in die NSDAP ohne eigene Kenntnis. Rekonstruktion einer akademischen Jugend, in: Die Zeit, Nr. 4, 15.1.2004; in seinem Beitrag zur Festschrift von Robert Minder (Wie, warum und zu welchem Ende wurde ich Literaturhistoriker?, Frankfurt am Main 1972, S. 111-115) läßt Jens seine kritische literarische Sozialisation schon 1937 mit der Lektüre der ›Buddenbrooks‹ beginnen. — **34** Eberhard Lämmert in einem Diskussionsbeitrag während des Symposions ›Literaturwissenschaft und Linguistik von 1960 bis heute‹, Deutsches Literaturarchiv Marbach im Jahr 2002; vgl. Nationalismus in Germanistik und Dichtung. Dokumentation des Germanistentages in München vom 17.-22. Oktober 1966, Berlin 1967 (darin E. Lämmert: Germanistik – eine deutsche Wissenschaft?, S. 15-36). — **35** Werner Wögerbauer, Emil Staiger (1908-1987), in: Wissenschaftsgeschichte der Germanistik in Porträts, hg. von Christoph König, Hans-Harald Müller und Werner Röcke, Berlin, New York 2000, S. 239-249, hier S. 239. — **36** Vgl. Petra Boden, Reformarbeit als Problemlösung. Sozialgeschichtliche und rezeptionstheoretische Forschungsansätze in der deutschen Literaturwissenschaft der 60er und 70er Jahre; eine Vorbemerkung und drei Interviews, in: Internationales Archiv für Sozialgeschichte der deutschen Literatur 28, 2003, H.1, S. 111-170, hier S. 142-148. — **37** Harro Zimmermann, Günter Grass unter den Deutschen. Chronik eines Verhältnisses, Göttingen 2006. — **38** Nach einem Tagebucheintrag von Jean Bollack. — **39** Walser/Grass, Anm. 25. Gegen die (maßgeblich von Klaus Briegleb formulierte und entfaltete, vgl. Anm. 21) Kritik am Antisemitismus in der Gruppe 47 sagt Grass: man »unterstellt, die Gruppe 47 sei antisemitisch, nur weil Paul Celan eine schlechte Kritik bekommen hat.« Celans (und seiner Freunde) hier als übertrieben und wehleidig gezeichnete Reaktion tritt an die Stelle der lyrischen Intention Celans, die schon vor der Kritik genau und ernsthaft gegen die Form, die sie wählt, gerichtet war. Bereits früh mokiert Grass sich über den angeblich ›sakralen‹ Gestus des Freundes (vgl. Arno Barnert, Eine ›herzgraue‹ Freundschaft. Der Briefwechsel zwischen Paul Celan und Günter Grass, in: Textkritische Beiträge 9, 2004, S. 65-172, hier etwa S. 66). Und Uwe Johnsons Fürsorglichkeit gegenüber Martin Walser gerät Johnson im Munde von Grass zum eigenen Schaden, denn statt von diesem auszugehen, also den Gründen oder Motiven für dessen Selbstzerstörung, wählt Grass diese für seinen Spott: Man hätte »Uwe Johnson einen Uwe Johnson als Amme zur Seite stellen müssen, der auf ihn aufgepasst hätte in seinen letzten Lebensjahren«. — **40** Vgl. Peter Szondi, Poetry of Constance – Poetik der Beständigkeit. Celans Übertragung von Shakespeares Sonett 105, in: ders., Schriften, hg. von Jean Bollack u.a., Frankfurt am Main 1978, Bd. 2, S. 321-344. — **41** Günter Grass, Kinderlied, in: Gedichte und Kurzprosa, Bd. I der Werkausgabe in zehn Bänden, hg. von Volker Neuhaus, Darmstadt 1987. — **42** Grass, Anm. 7, S. 8. — **43** Ebd., S. 11. — **44** Ebd., S. 124. — **45** Vgl. ebd., S. 123. — **46** Ebd., S. 27. — **47** Ebd., S. 75. — **48** Ebd., S. 76. — **49** Ebd., S. 77. — **50** Ebd., S. 81. — **51** Ebd., S. 82f. — **52** Ebd., S. 127. — **53** Ebd., S. 79. — **54** Vgl. ebd., S. 82: »der aus freien Stücken unbedingt dorthin will, wo gekämpft wird«. Øhrgaard, Anm. 18 , formuliert (für viele) zur Verteidigung von Grass: »Es kann auch keine Rede davon sein, daß Günter Grass den Vorgang herunterspielt oder ihn zum bloßen bösen Zufall macht.« (S. 192) Statt dessen, so meine Überlegung, spielt Grass den Vorgang herunter, indem er ihm das *Zufällige* nimmt, um auszudrücken, daß es allen so ging. — **55** Grass, Anm. 7, S. 64. — **56** Herta Müller, So ein großer Körper und so ein kleiner Motor. Über jene Wahrheit, die schmerzt, in: Stuttgarter Zeitung, 28.11.2006. — **57** Jacob und Wilhelm Grimms ›Deutsches Wörterbuch‹ gibt keinen Eintrag zu ›Häme‹, wohl aber zu ›hämisch‹ im Sinn von »versteckt boshaft«, Bd. 10, Leipzig 1877, S. 307. — **58** Grass, Anm. 7, S. 126. — **59** Ebd., S. 126f.; für das abstraktere »Waffen-SS« findet er die direkte Bezeichnung. — **60** Ebd., S. 127. — **61** Man nehme etwa seine Rezension der ›Hundejahre‹: Das Pandämonium des Günter Grass, in: Die Zeit, Nr. 36, 6.9.1963. — **62** Walter Jens, Die Götter sind sterblich, Pfullingen 1959, S. 143. — **63** Ebd., S. 144. — **64** H. 46 vom 1.6.1939 (12. Jg.) verzeichnet etwa die Auszeichnung Jens' (Klasse 7c) durch eine Buchprämie; im selben Heft berichtet Oberstudiendirektor Dr. Werner Puttfarken von der Griechenlandreise 1939, unter Hervorhebung des »verantwortungsvollen Auftrags des deutschen Gymnasiums im Dritten Reich«: »[...] weil uns die nationalsozialistische Weltanschauung neue Erkenntnisse vom Verlauf der geschichtlichen Entwicklung und damit eine neue und, wie wir überzeugt sind, endgültig maßgebende Stellung zur hellenischen Kulturwelt gebracht hat. [...] Die in der geometrischen Kunst stets und oft dicht gehäuft wiederkehrenden Hakenkreuze, die ritterlichen Burgen von Mykenai und Tryns und vieles andere, sie ließen uns auf Schritt und Tritt die nahe Verwandtschaft mit germanischem Wesen über Jahrtausende hinweg spüren.« (ebd., S. 252f). Am 1.10.1939 (H. 47, 12. Jg., S. 289) wird eine Fahrt von Jens' Klasse nach Nürnberg notiert; am 1.2.1941 (H. 51, Jg. 14, S. 127) Jens als Abiturient genannt. — **65** Walter Jens, Die Funktion der Stichomythie in Sophokles' Tragödien der Mannesjahre, Diss. Freiburg, 1944 (hs. auf dem Titelblatt aus »1946«, lt. Götz Aly von der Univ. korr., d.h. nach dem Krieg – zumindest – getippt; eine hs. Fassung liegt nicht vor); die Dissertation erschien 1955 in München (Reihe ›Zetemata‹, Bd. 11). — **66** Walter Freiburger (Pseud.), Das weisse Taschentuch, Hamburg 1947. — **67** Almanach der Gruppe 47, 1947-1962, hg. von Hans Werner Richter in Zusammenarbeit mit Walter Mannzen, Neuwied/Rh. 1962, S. 8. — **68** Vgl. Anm. 33. — **69** Vgl. ebd. — **70** Walter Jens, Nein. Die Welt der Angeklagten. Roman (1950), Darmstadt 1993. In dieser Ausgabe nahm Jens, worauf er selbst hinweist (S. 300-302), Kürzungen vor: Jens tauscht emphatische, verbrauchten literarischen Traditionen verpflichtete Wörter gegen nüchterne aus, verzichtet auf eine bildungspessimistische Szene, ebenso auf eine mit der jüdischen schutzengelgleichen Krankenschwester Rebecca Levi, als störte dies die Allegorie. — **71** Walter Jens, Statt einer Literaturgeschichte, Pfullingen 1957, S. 15. — **72** In dieser Tradition widmet Jens Thomas Mann einen großen Aufsatz mit dem Titel ›Der Gott der Diebe und sein Dichter. Ein Versuch über Thomas Manns Verhältnis zur Antike‹, in: Antike und Abendland. Beiträge zum Verständnis der Griechen und Römer und ihres Nachlebens, hg. von Bruno Snell und Ulrich Fleischer, Hamburg 1956, S. 139-153. — **73** Walter Jens, Vergessene Gesichter. Roman, Hamburg 1952. — **74** Ebd., S. 249. — **75** Ebd., S. 246. — **76** Das Muster bleibt lange Zeit Hermann Kasacks Roman ›Die Stadt hinterm Strom‹ von 1947; auch das Zwiebelschneiden in der ›Blechtrommel‹ und vieles andere mehr bei Günter Grass atmen den Topos. — **77** Jens, Anm. 70, S. 7. — **78** Vgl. Verf., Hofmannsthal. Ein moderner Dichter unter den Philologen, 2. Aufl., Göttingen 2006 (Marbacher Wissenschaftsgeschichte 2). — **79** Jens, Anm. 70, S. 275. — **80** Vgl. etwa Hans Schwab-Felisch, Neue Romane [u. a. Rez. von Walter Jens, Der Blinde, und: Nein – Die Welt der Angeklagten], in: Der Monat, Jg. 4, 1951/2, Nr. 40 (Januar 1952), S. 426-428; vgl. Hildegard Emmel, Das Gericht in der deutschen Literatur des 20. Jahrhunderts, Bern und München 1963, S.95-102. — **81** Die Schuld wollte Jens nicht vergessen haben. In einer anderen Allegorese nimmt er – die mythologische Erzählung von Myrtilos, dem Sohn des Hermes aufgreifend – die Hermes-Figur in dem Buch ›Die Götter sind sterblich‹ aus dem Geschehen, zweifach, indem sie von dessen Sohn handelt (von Myrtilos), und indem dieser Sohn zur Strafe in ein Sternbild verwandelt wird. Er hat als Wagenlenker des Oinomaos dazu beigetragen, daß dieser im Rennen zu Tode geschleift wurde, und sich insofern als Handlanger schuldig gemacht. Als Sternbild verbüßt er eine Strafe, die die Göttin ausspricht: »Du bist verdammt, die Gedanken der Mörder zu schauen, ihre Lügen und ihre Gebete, die Träume und die Spuren der Angst – und das bis zum Ende der Tage.« (Jens, Anm. 62, S. 48). Das externe, im Stern fortlebende Subjekt, hat präzise Konturen. — **82** Jens, Anm. 70, S. 7. — **83** Walter Jens, Die Passion der Juden, in: Passion, hg. von Andreas Keller, Stuttgart 2000, S. 110-113. — **84** Ebd., S. 111. — **85** Ebd. — **86** Paul Celan, Sprachgitter. Vorstufen – Textgenese – Endfassung, bearb. von Heino Schmull, Frankfurt am Main 1996 (Paul Celan: Werke. Tübinger Ausgabe), S. 30f. — **87** Am 26. Januar 1962, Paul Celan – Die Goll-Affäre. Dokumente zu einer ›Infamie‹, hg. von Barbara Wiedemann, Frankfurt am Main 2000, S. 551; Jens' Interpretation erschien 1961 im Merkur 15, H. 157, S. 297-299; vgl. zum Gedicht auch Jean Bollack, Paul Celan. Poetik der Fremdheit; aus dem Französischen von Werner Wögerbauer, Wien 2000, S. 237f., 310f. — **88** Vgl. Jens, Anm. 72.

Bibliografische Information der Deutschen Nationalbibliothek
Die Deutsche Nationalbibliothek verzeichnet diese Publikation
in der Deutschen Nationalbibliografie; detaillierte bibliografische
Daten sind im Internet über http://dnb.d-nb.de abrufbar.

© Wallstein Verlag, Göttingen 2008
www.wallstein-verlag.de
Vom Verlag gesetzt aus der Stempel Garamond
Umschlagvignette: Thomas Müller
Druck: Hubert & Co, Göttingen
ISBN 978-3-8353-0283-9

Göttinger Sudelblätter
Herausgegeben von Heinz Ludwig Arnold

zuletzt erschienen:

STEFANA SABIN
Die Welt als Exil

HANJO KESTING
Begegnungen mit Hans Mayer.
Aufsätze und Gespräche

PETER-ANDRÉ ALT
Die Verheißungen der Philologie

DANIEL KEHLMANN
Diese sehr ernsten Scherze.
Poetikvorlesungen

HELMUT HEISSENBÜTTEL
»Neue Blicke durch die alten
Löcher«. Essays über Georg
Christoph Lichtenberg

ULRIKE DRAESNER
Zauber im Zoo. Vier Reden von
Herkunft und Literatur

HERMANN KORTE
»Meine Leserei war maßlos«.
Literaturkanon und Lebenswelt
in Autobiographien seit 1800

ANDREAS VON SEGGERN
Ins Abseits dichten?
Fußball literarisch

H. G. ADLER
Über Franz Baermann Steiner.
Brief an Chaim Rabin

GRIGORI PASKO
Honigkuchen. Anleitung zum
Überleben hinter Gittern

HANJO KESTING
Der Musick gehorsame Tochter.
Mozart und seine Librettisten

NAVID KERMANI
Strategie der Eskalation.
Der Nahe Osten und die Politik
des Westens

JOËL METTAY
Die verlorene Spur. Auf der
Suche nach Otto Freundlich

HARTMUT VON HENTIG
14 Punkte zur Beendigung des
Rechtschreibkrieges

HANS WOLLSCHLÄGER
Moments musicaux.
Tage mit TWA

GUNTHER NICKEL (HG.)
Kaufen! statt Lesen!
Literaturkritik in der Krise?

HEINZ LUDWIG ARNOLD (HG.)
Mit Lessing ins Gespräch

STEFAN SCHÜTZ
Staschs Affekt

CHRISTIAN HEIMPEL
Bericht über einen Dieb

H.G. ADLER –
HERMANN BROCH
Zwei Schriftsteller im Exil.
Briefwechsel

MOSHE ZUCKERMANN
Wohin Israel?

HANJO KESTING
Heinrich Mann
und Thomas Mann.
Ein deutscher Bruderzwist